국제제자훈련원

다음 세대에게 보내는
축복의 메시지

사랑의교회가 '다음 세대를 깨운다'는 취지로 CAN 성경공부 교재를 개발했습니다. 우리 아이들에게 성경의 주인공이신 예수 그리스도를 배워 닮아 가게 하면서 지혜를 얻도록 훈련하기 위한 어린이/청소년 제자훈련 교재입니다. 성경공부를 통해 우리 아이들을 잘 훈련시켜서 우리의 다음 세대가 지혜의 원천이신 예수님을 닮아 가도록 하는 것이 무엇보다 중요합니다. 사랑의교회 CAN 성경공부 교재를 잘 활용하면 우리 다음 세대가 하나님을 경외하는 현인(賢人)들의 세대가 될 것을 확신합니다.

권성수 목사 대구 동신교회 담임

요즘 기독교가 선한 영향을 미치지 못하는 이유는 신앙의 삶을 살아가는 제자가 많지 않기 때문입니다. 이런 세상을 향해서 외칠 수 있는 작지만 큰 외침이 바로 제자훈련입니다. 제자훈련은 예수님의 지상명령입니다. 제자훈련을 제대로만 한다면 하나님을 모르는 '다른 세대'(삿 2:10)가 하나님을 정확히 아는 '다음 세대'로 변화될 것입니다. 또한 변화된 다음 세대가 이 세상을 변혁시킬 것입니다. 이 일이 바로 예수님의 사역이자 우리의 지상 과제입니다.

송태근 목사 강남교회 담임

맛있고 영양가 있는 음식을 잘 먹는 어린이는 튼튼한 어른이 되지요. 그것처럼 하나님의 말씀도 맛있게 골고루 섭취하도록 만들어진 CAN 성경공부 교재를 통해 공부하면 튼튼한 믿음을 가진 어른으로 성장하게 됩니다. 이 CAN 교재를 통해 어린이/청소년 여러분의 미래를 위한 가장 멋진 준비를 할 수 있기를 바랍니다.

최홍준 목사 호산나교회 담임

다음 세대에게 보내는
비전의 메시지

큰 인물로 세워 주세요!

요셉, 모세, 기드온, 사무엘, 다윗, 느헤미야, 바울, 윌리엄 캐리, 에이브러햄 링컨, 주기철 등은 하나님이 세운 큰 인물입니다. 이들은 하나님의 이름을 높였을 뿐 아니라 시대를 주도한 영적인 지도자였습니다.

오늘날에도 예수님은 복음의 능력으로 시대를 변화시키고, 하나님의 이름을 높일 위대한 인물을 찾고 계십니다. 디모데는 어릴 때부터 말씀을 배워 하나님의 일꾼으로 쓰임 받았습니다. 이들이 그랬던 것처럼 우리의 다음 세대도 어릴 때부터 예수님의 제자로 세워져야 합니다.

한 사람을 큰 인물로 세우는 데 진액을 쏟아내는 영적인 노력이 필요합니다. 그래서 우리를 교사로 불러 주셨습니다. 교사들의 기도와 헌신, 열정, 사랑, 그리고 복음의 능력으로 이 시대를 변화시킬 다음 세대가 세워질 것입니다.

이 거룩한 사역에 동역하는 교사들에게 하나님의 기름 부으심이 가득하길 기원합니다.

옥한흠 목사 국제제자훈련원 원장

복음의 영광스런 세대 계승을 꿈꾼다면!

우리 자녀들은 곧 우리의 미래입니다. 또한 우리 가정의 미래이며 한국 교회의 미래입니다. 우리의 미래를 가장 확실하게 열어 가는 비결과 전략은 우리 자녀들을 성경세대(Bible generation)로 세우는 것입니다. 자녀들의 손에 들려진 CAN 성경공부 교재가 우리 자녀들의 인생과 꿈의 기초를 튼튼히 하는 하나님의 도구로 쓰임 받을 것을 확신하며 추천합니다.

오정호 목사 새로남교회 담임

Yes, We Can!

"백성이 여호수아가 사는 날 동안과 여호수아 뒤에 생존한 장로들 곧 여호와께서 이스라엘을 위하여 행하신 모든 큰 일을 본 자들이 사는 날 동안에 여호와를 섬겼더라… 그 세대의 사람도 다 그 조상들에게로 돌아갔고 그 후에 일어난 다른 세대는 여호와를 알지 못하며 여호와께서 이스라엘을 위하여 행하신 일도 알지 못하였더라"(삿 2:7, 10).

사사시대가 영적인 암흑기로 변한 결정적인 이유는 하나님을 알지 못했기 때문이다. 여호수아가 살아 있는 동안 하나님을 섬겼지만, 그 다음 세대는 하나님에 대해 그냥 알았을 뿐이다. 또 그 다음 세대는 하나님이 누구인지조차 몰랐을 뿐 아니라 그분께서 어떤 일을 하셨는지도 알지 못했다. 이는 구약 이스라엘에 믿음의 대 잇기가 실패하면서 나타난 결과였다. 믿음의 대 잇기가 실패하면 개인도 망하고, 공동체도 무너지고, 국가도 멸망한다. 이 이야기는 구약시대에 쓰인 옛날 이스라엘 백성만의 이야기가 아니다. 지금 우리의 이야기다.

하나님은 믿음의 대를 잇기 위해 거대한 프로젝트를 준비하셨다. 바로 나실인 프로젝트다. 하나님은 영적 암흑의 긴 터널을 뚫고 새로운 역사를 시작하기 위해 삼손과 사무엘이라는 믿음의 영웅을 어릴 때부터 준비하도록 시키셨다. 나실인은 태어나기 전부터 하나님이 선택하시고, 어릴 때부터 성전에서 영적 지도자로 철저하게 훈련받았다. 장성한 나실인은 어두운 민족의 역사를 종결하고 조상의 믿음을 이어받아 새 역사를 창조하는 하나님의 동역자였다. 이 프로젝트는 마지막 나실인인 예수님을 통해 오늘날까지 이어지고 있다.

이것이 바로 'CAN Ministry'다. CAN Ministry는 "다음 세대를 깨운다 Called to Awaken the Next generation"라는 뜻의 줄인 말이다. 이는 "하나님의 말씀으로 다음 세대를 예수님의 제자로 세운다"는 철학에 기반을 둔 사역이다. 다음 세대를 깨워 예수님의 제자로 세운다면 이것은 모든 세대를 다 깨우는 것과 마찬가지다. 아이들을 깨우는 것은 부모와 가정, 학교와 사회, 국가와 미래를 준비하는 것이다. 왜냐하면 교육이 '백년지대계'(百年之大系)라고 한다면 다음 세대를 깨우는 것은 '영원지대계'(永遠之大系)이기 때문이다.

믿음의 대를 이을 거대한 CAN 사역은 누가 해야 하는가? 희망도 없고 기대도 없이 절망뿐인 이스라엘을 바라보며 하나님은 에스겔에게 물으신다. "인자야 이 뼈들이 능히 살 수 있겠느냐 Son of man, CAN these bones live"(겔 37:3). 하나님 말씀이 들어가니 뼈가 서로 연결되고 살이 붙고 사람의 형상이 갖춰지기 시작했다. 우리의 영적인 상황은 에스겔이 본 마른 뼈의 환상과도 같다. 하나님은 우리에게도 똑같이 물으신다.

Yes, We CAN! 하나님의 말씀을 손에 쥐고 있으므로 우리는 할 수 있다.

한 아버지가 귀신 들린 아들을 예수님 앞에 두고 간청한다. "무엇을 하실 수 있거든 우리를 불쌍히 여기사 도와주옵소서"(막 9:22). 그러자 예수님은 "할 수 있거든이 무슨 말이냐 믿는 자에게는 능히 하지 못할 일이 없느니라 If you CAN? Everything is possible for him who believes"(막 9:23)고 대답하신다. 예수님은 영적 교사인 우리에게 동일하게 도전하신다. 세상의 가치관에 붙들려 목적 없이 살아가는 다음 세대를 깨울 수 있느냐고 말이다.

Yes, We CAN! 믿는 자에게 불가능이란 없다!

오정현 목사 사랑의교회 담임

이렇게 공부하세요!

제1단계

도입, 말씀 암기 패턴 인식력을 활용한 그림을 통해 오늘 배우게 될 말씀이 무엇인지 내용을 암기하는 단계입니다.

제2단계

말씀 적용, 결론 각 과에서 배운 내용을 실생활에서 어떻게 실천할 것인지 생각하고 말하는 단계입니다.

제3단계

신나게 재미있게 배운 말씀을 복습하며 다양한 활동으로 다시 한 번 결론을 생각하도록 하는 단계입니다.

제4단계

부모님과 함께하는 가정학습지 오늘 배운 말씀을 부모님께 알려 주고 그 말씀대로 실천하도록 활용하는 단계입니다.

1과

예수님의 제자예요

사도행전 9장 1~19절

주께서 이르시되 가라 이 사람은 내 이름을 이방인과 임금들과 이스라엘 자손들에게 전하기 위하여 택한 나의 그릇이라.

사도행전 9장 15절, 개역개정

아래 그림을 보고 그 그림에 필요한 이름표를 붙여 주세요.

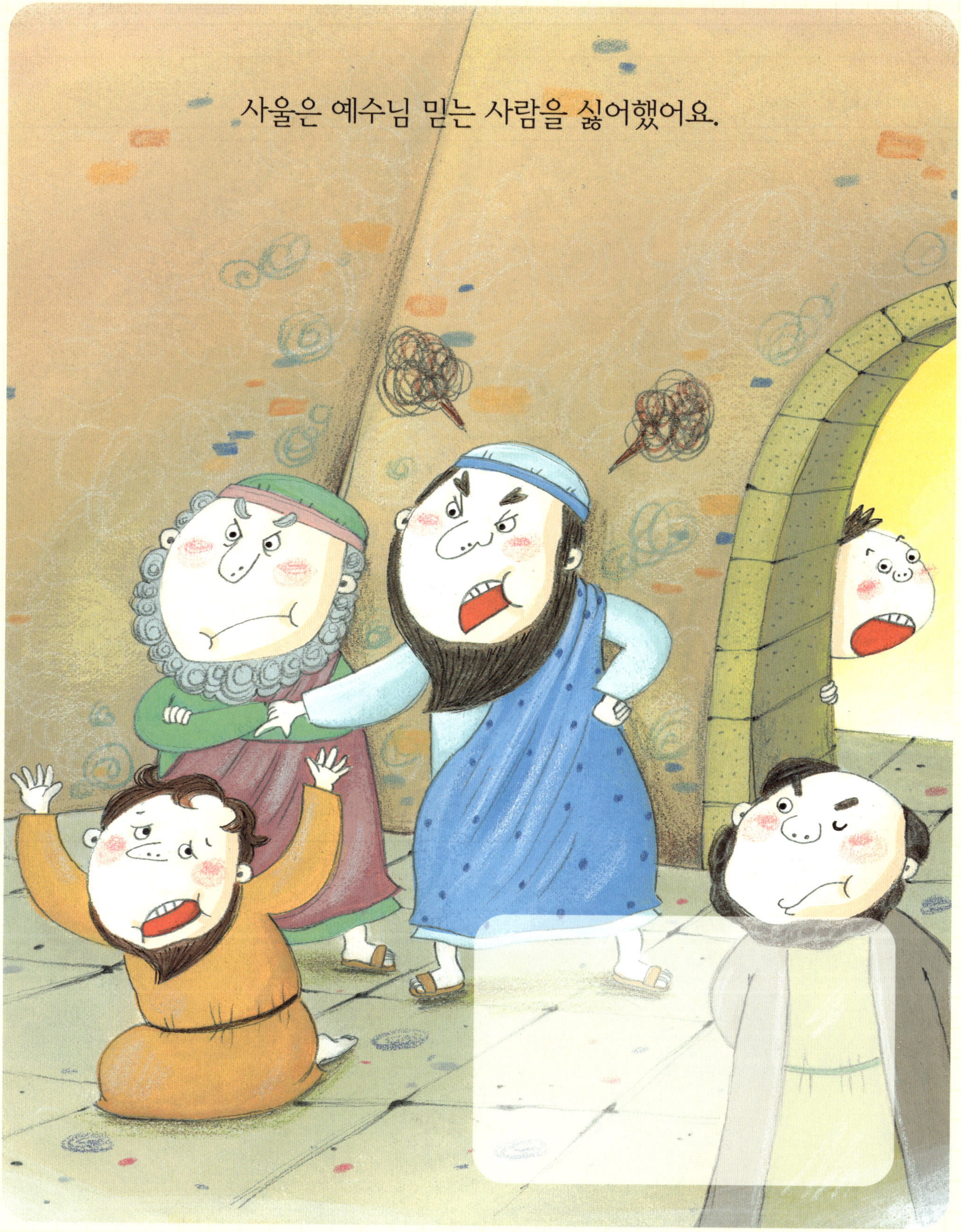

사울은 예수님 믿는 사람을 싫어했어요.

예수님을 만나고 나서 예수님의 제자가 되었어요.

생각 쑥쑥

내가 바꿔야 할 표정과 마음에는 어떤 것이 있을까요? 연결해 주세요.

싫어!

흥!

으앙~

내 꺼야!

미워!

빨리 사줘~

방긋!

감사합니다

네가 좋아~

좋아~

같이 놀자~

알겠어요~

예수님의 제자

내가 예수님의 제자라는 것을 친구들에게 알리는 이름표를 만들어 보세요.

예수님의 제자

가정학습지

이렇게 배웠어요

부모님이 먼저 읽어 보세요.

예수님을 미워하던 사울이 예수님을 만나 제자가 되었어요. 예수님을 사랑하는 나도 예수님의 제자인 것을 알았어요.
오늘 ____________는 ____________________________________ 했어요.
칭찬해 주세요.

이렇게 한 번 더 읽어 주세요

뒷면의 사울 그림을 보여 주면서 자녀의 이름을 넣어 읽어 주세요.

"난 예수 믿는 사람이 싫어, 그들을 모두 잡아 감옥에 가둘 거야." 사울은 예수님 믿는 사람을 잡으러 가던 도중 예수님을 만났어요. 그 이후부터 그는 "나는 예수님의 제자예요. 여러분도 나처럼 예수님 믿으세요"라고 말했어요. 이렇게 사울은 완전히 달라졌어요. 예수님의 제자가 된 거예요. 나도 예수님을 사랑하는 예수님의 제자가 되었어요. 나는 예수님의 제자 ____________예요.

이렇게 물어봐 주세요

복습 문제입니다. 물어봐 주세요.

예수님의 제자가 되려면 어떻게 해야 할까요?
답 : "예수님! 내 맘 속에 오세요"라고 기도해요.

이렇게 기도해 주세요

자녀를 품에 안고 이름을 부르면서 간절히 기도해 주세요.

예수님! 나는 예수님을 사랑하는 제자 ____________예요. 엄마, 아빠, 친구들 앞에서 자랑스럽게 예수님의 제자라고 말할 수 있게 해주세요. 예수님의 이름으로 기도 드려요. 아멘!

하나님을 높여요

사도행전 16장 16~34절

한밤중에 바울과 실라가 기도하고 하나님을 찬송하매 죄수들이 듣더라.

사도행전 16장 25절, 개역개정

감옥에 갇혀서도 찬양하고 기도한 바울과 실라를 만져 보세요.

예수님의 제자 바울은 감옥에 갇혀서도 울지 않고 기쁜 마음으로 그분을 찬양하고 기도했어요. 왜냐하면 바울은 하나님을 사랑하고 높이는 사람이었기 때문이에요.

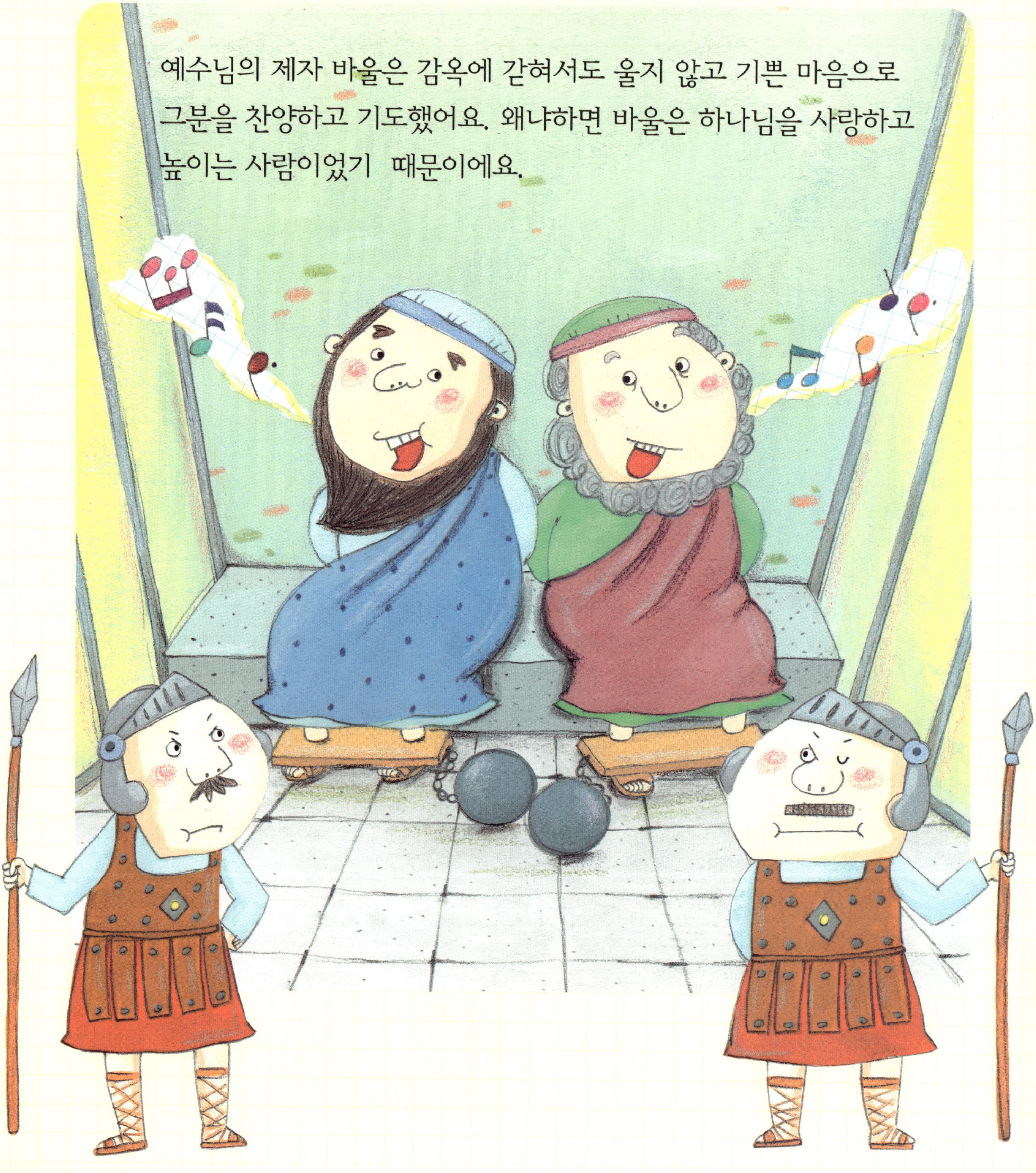

생각 쑥쑥

하나님을 높이기 위해 내가 해야 하는 그림에 보들이 스티커를, 하지 말아야 하는 그림에 까슬이 스티커를 붙여 주세요.

하나님을 높이는 멋진 행동을 하겠다고 약속하는 팔찌를 만들어 보세요.

나는 예수님의 제자로 예배 전도 찬송 기도 말씀 배우기 로 약속합니다.

준비물

색종이 한 장

투명 테이프 또는 풀

방법

1. 색종이를 산 모양으로 접은 뒤 뒤집으세요.

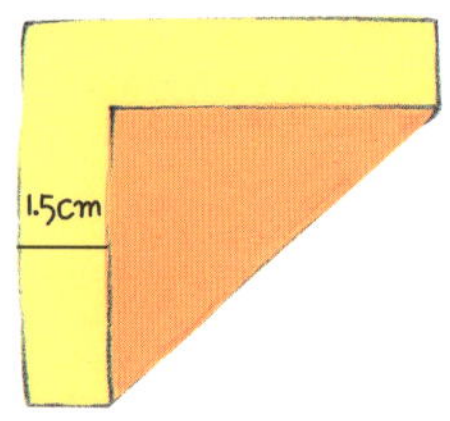

2. 일정한 간격으로 접어 가세요.

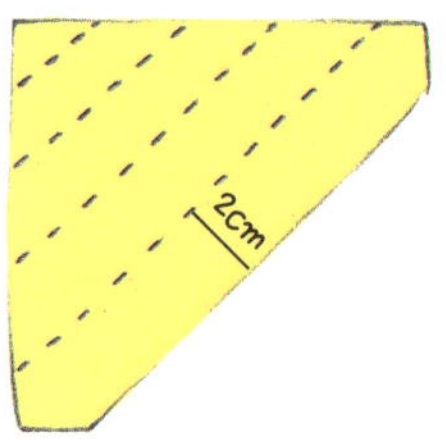

3. 풀로 마무리 하세요.

4. 하트를 뜯어 주세요.

5. 예쁘게 하트를 붙이세요.

가정학습지

이렇게 배웠어요

부모님이 먼저 읽어 보세요.

예수님의 제자 바울이 감옥에 갇혔어도 기도하고 찬양하며 하나님을 높이는 모습을 사람들에게 보여 준 것을 배웠어요. 나도 하나님을 사랑해요.
오늘 ____________는 ________________________________ 했어요.
힘내라고 말해 주세요.

이렇게 한 번 더 읽어 주세요.

뒷면의 바울과 실라의 그림을 보여 주면서 자녀의 이름을 넣어 읽어 주세요.

바울과 실라는 항상 "예수님을 믿으세요"라고 외쳤어요. 그러다가 감옥에 갇혔지만 "나는 무섭지 않아요. 하나님 감사해요. 찬양해요"라고 하며 하나님을 높였어요. 그런데 갑자기 지진이 나서 감옥 문이 흔들리고 차꼬가 풀렸어요. 그러나 두 사람은 도망가지 않았어요. 그리고 감옥을 지키는 사람에게 "우리는 하나님을 믿는 사람이에요. 그러니 도망가지 않아요. 여러분도 예수님을 믿으세요"라고 말했어요. 그들은 오히려 간수들에게 예수님을 전했어요.
나 ____________도 하나님만 높일래요!

이렇게 물어봐 주세요

복습 문제입니다. 물어봐 주세요.

지금 내가 하나님을 높이기 위해 무엇을 할 수 있을까요?
답`: 예쁘게 찬양해요, 하나님께 기도해요, 성경말씀을 읽어요.

이렇게 기도해 주세요

자녀를 품에 안고 이름을 부르면서 간절히 기도해 주세요.

예수님! 예수님의 제자 바울이 기도하고 찬양하며 하나님을 높였던 것처럼 나도 하나님을 높이는 모습으로 살도록 도와주세요. 예수님의 이름으로 기도드려요. 아멘!

3과

바르게 살래요

사도행전 24장 10~23절

요절

이것으로 말미암아 나도 하나님과 사람에 대하여 항상 양심에 거리낌이 없기를 힘쓰나이다.

사도행전 24장 16절, 개역개정

아래 그림을 보고 하나님 앞에서 바르게 산 사람에게 스마일 스티커를 붙여 보세요.

예수님의 제자 바울은 다른 사람들의 거짓말 때문에 잡혀 갔지만, 하나님 앞에서나 사람 앞에서 바르게 살려고 노력했어요.

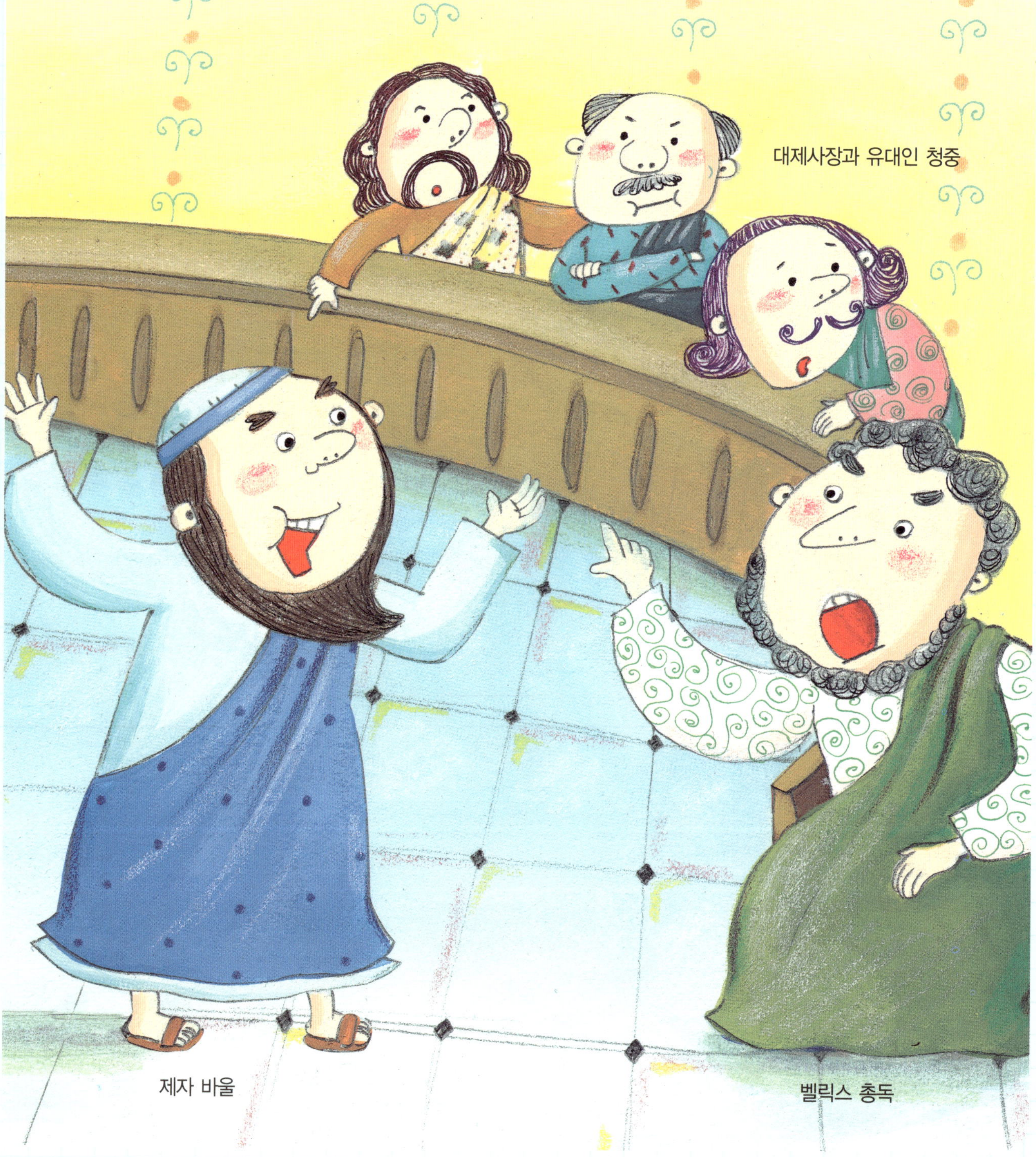

대제사장과 유대인 청중

제자 바울

벨릭스 총독

생각 쑥쑥

아래 그림에서 하나님 앞에서 바르게 행동하지 않는 친구들을 찾아서 스티커를 붙여 보세요.

제자로서 하나님 앞에서 바르게 살아갈 때 하나님께서 기뻐하시며 웃는 얼굴로 칭찬 표지판을 만들어 보세요.

가정학습지

이렇게 배웠어요

부모님이 먼저 읽어 보세요.

예수님의 제자 바울은 다른 사람들의 미움을 받고 거짓말로 고발을 당하여 붙잡혀서 재판받았지만, 하나님과 사람 앞에서 바르게 말하고 행동했어요. 이것은 다른 사람들에게 하나님이 기뻐하시는 제자의 모습을 보여 준 거예요. 오늘 공과공부를 통해 ____________는 ______________________ 했어요. 꼭 안아 주세요.

이렇게 한 번 더 읽어 주세요

뒷면의 바울 그림을 보여 주면서 자녀의 이름을 넣어 읽어 주세요.

"이 사람을 감옥에 가두어야 해요. 성전을 소동하게 했어요. 그리고 그냥 두면 다른 사람과 싸울 나쁜 사람이에요." 사도 바울은 다른 사람의 거짓 고발로 붙잡혔어요. 사울은 "여러분, 저는 예수님의 제자입니다. 그리고 하나님을 사랑해요. 하나님 앞에서도 사람 앞에서도 부끄럽지 않게 바르게 행동했어요."라고 말했어요. 벨릭스 총독은 "바울을 잘 지켜 주고 친구들이 찾아오고 돌보아 주는 것을 막지 말라"고 명령했어요. 나 ____________도 바울처럼 예수님의 제자답게 바르게 살래요.

이렇게 물어봐 주세요

복습 문제입니다. 물어봐 주세요.

지금 하나님과 사람 앞에서 바르게 행동해서 하나님을 기쁘시게 할 수 있는 모습에는 어떤 것이 있을까요?

답 : 정직하게 말해요, 친구를 칭찬해 줘요, 사이좋게 나누어 먹어요, 장난감을 양보했어요 등

이렇게 기도해 주세요

자녀를 품에 안고 이름을 부르면서 간절히 기도해 주세요.

예수님! 바울은 예수님의 제자답게 하나님 앞에서 바르게 말하고 행동하여 하나님을 기쁘시게 하는 모습으로 살았어요. 나도 하나님 앞에서 바르게 말하고 행동하는 예수님의 제자로 살게 해주세요. 예수님의 이름으로 기도 드려요. 아멘!

예수님 제자  는 매일 기도해요.

1. 하나님 아버지 감사드려요.
2. 예수님을 사랑하는 제자 ________예요.
3. 친구들에게 하나님 사랑하는 것을 보여 주고 싶어요.
4. 예수님의 제자로 바르게 말하고 행동할래요.
5. 예수님의 이름으로 기도드려요. 아멘!

월

주일	월	화	수	목	금	토

먼저 숫자(날짜) 스티커를 붙이세요. 그리고 아빠랑 엄마랑 함께 기도하고 나서 스마일 스티커를 붙여 주세요.

부 록

1 과

믿음 쑥쑥

2 과

믿음쑥쑥 | 생각 쑥쑥

몸도 튼튼

3 과

믿음 쑥쑥

엄마랑 아빠랑

1	2	3	4	5	6	7	8	9	10
11	12	13	14	15	16	17	18	19	20

21	22	23	24	25	26	27	28	29	30	31